FEMMES SANS TITRES

Christine WYSTUP

Editions ART ET COMEDIE
2, rue des Tanneries
75013 PARIS

Cet ouvrage est réalisé avec le soutien de la SACD

SACD
Société des
auteurs et
compositeurs
dramatiques
PARIS/BRUXELLES/MONTRÉAL

NOTE SUR L'AUTEUR

Christine Wystup est agrégée de Lettres. Elle anime des ateliers théâtre et écriture en collège, lycée, université. Elle est membre des EAT et de la Maison des Ecrivains.

Elle dirige la compagnie et le théâtre du Vieux Balancier (Avignon). Ses pièces parues :

« La Fiancée du cordonnier », éditions Art et Comédie
« Question de Temps », éditions Retz
« Jeanne de Castille », éditions Art et Comédie
« Le Balayeur d'ombres », éditions Art et Comédie
« Mythiques », éditions Art et Comédie
« La Poupée de Porcelaine », éditions Art et Comédie
« Ni sorcière, ni vampire », éditions Art et Comédie
« Bordel de Dieu », éditions Art et Comédie

Ses pièces jouées :

« J'ai rendez-vous avec mon double », Comédie musicale, 1992, Conservatoire de Conflans, Théâtre de Vauréal.
« La fête des mères », 1995, Théâtre Jean Damme, Paris.
« La Poupée de Porcelaine », Théâtre Essaïon, Paris, 1997, Théâtre du Bec Fin, Paris 1999, Festival d'Avignon 1999.
« Bordel de Dieu », Festival d'Avignon 2000 et 2002.
« Question de Temps », Festival d'Avignon 2000.
« Vers les rives de Baules », Festival d'Avignon 2001.
« Jeanne de Castille », Festival d'Avignon 2003.

Mise en scène :

« Brûlé de plus de feux ou la passion selon Racine » : montage poétique et musical sur le thème de la passion dans l'œuvre de Racine. Festival d'Avignon 2001.

SOMMAIRE

SOUS LA TONNELLE

PERSONNAGES : F1
                    F2
                    F3

Trois femmes de générations différentes.
Une tonnelle, dans un jardin.
Il fait chaud.

F1 - Je n'avais plus rien dans la tête. Plus de souffrances, plus de désirs. Alors, je suis sortie. Il faisait si chaud que mon corps entier était humide de sueur, comme pris de la même moiteur qui transpirait dans l'air et qui suintait des murs. Alors, je suis sortie. Pour respirer. « Eva, on respire mieux dehors ! » J'étouffais, j'étouffais. Alors, je suis sortie. Il y avait un massif de camélias blancs devant la porte, sur le chemin, qui répandait les vapeurs lourdes de son parfum. J'ai souvent essayé d'apprivoiser les camélias, en vain. Ils ont toujours lamentablement fané sur le bord d'une fenêtre ou sur une table de chevet.

Il faisait si chaud que j'ai ouvert la fenêtre ; les voisins, au-dessus, jouaient aux cartes. Toute une tablée, sur le balcon, ivre du peu de fraîcheur que la nuit procurait. Je les entendais compter les points en riant. Ils semblaient heureux d'un bonheur que je ne parvenais pas à envier : ça, je l'avais déjà vécu. Maintes fois. Un bonheur simple, où l'on suspend quelques instants de sa vie à l'issue d'une partie de cartes, comme si l'enjeu était essentiel.

J'ai longé le massif de camélias. Je savais qu'il me mènerait là… Comment dites-vous ? La tonnelle ? Un nom vraiment charmant qui respire l'intimité et la nostalgie. Je sens que je m'y trouverai bien. Un espace réduit dans un espace ouvert. Un toit et pas de portes. Là-bas, un peu plus haut, sur la colline, la grande maison de meulière où tout le monde dort sous la vigne vierge qui griffe les murs. C'est si bon de les imaginer là, tout près, si près. Ça monte en moi comme une vague…

Une femme s'approche, plus jeune. Elle semble angoissée.

F2 - Je peux m'asseoir sur cette chaise ? Personne ne l'occupe ?

F1 - Désespérément vide. Mais peut-être appartient-elle à quelqu'un ? Je ne suis pas là depuis longtemps.

F2 - Je n'en pouvais plus. Je n'en pouvais plus dans cette grande maison. La nuit était trop lourde, la chaleur envahissait la chambre. Je me suis endormie près de lui, mon visage contre son épaule. J'ai fait un cauchemar : la vigne vierge pénétrait dans la pièce et m'étranglait de ses bras griffus. Mais, en même temps, c'étaient ses bras à lui qui enserraient mon cou. Je me suis réveillée en sueur. Il s'était retourné et dormait à l'autre bout du lit. C'est alors que je me suis souvenue du fusil. Celui qu'il garde sous le lit pour accueillir les voleurs. Cette habitude m'a toujours exaspérée. Tout à coup, je me suis mise à trembler. J'ai pensé qu'il pourrait retourner le fusil contre moi. Parce qu'il allait bien falloir que je lui apprenne un jour ou l'autre que je ne l'aimais plus. J'ai pensé qu'il pourrait être violent. Alors, je suis sortie. Je ne supportais plus de voir la vigne vierge qui entrait par le balcon de la chambre. Faut-il croire aux rêves ?

F1 - Il est des rêves qui ont une épaisseur, une sorte de réalité qui vous poursuit au réveil, et toute la journée, et parfois des semaines durant. Une nuit, j'ai vu ma tante, morte deux ans plus tôt, tourner autour de ma voiture en robe de mariée. Elle tournait comme une folle, collant ses mains sur le pare-brise et me regardant avec des yeux pleins d'angoisse. Je me suis réveillée en sueur. Cette vision m'a obsédée des jours entiers. Je savais qu'elle voulait me prévenir d'un drame. Son fils, mon cousin, est mort un mois plus tard.

F2 - Je me suis réveillée en sueur. J'ai compris que je ne l'aimais plus et j'ai réalisé pour le fusil. Alors, je suis sortie.

F1 - Les enfants dorment ?

F2 - A poings fermés. Ils ne m'ont pas entendue partir et je rentrerai avant qu'ils ne s'éveillent. Je ne partirai pas sans eux. Je ne partirai peut-être jamais. J'avais juste besoin de sortir. Cet endroit est tranquille, je m'y sens bien. On ne se croirait pas si près de la maison. Les enfants appellent ça leur « cabane ».

F1 - Les enfants ne viennent pas souvent… Je mens. C'est moi qui demande trop. Je n'ai jamais voulu les voir grandir. Ils ont leur vie et viennent me voir régulièrement. Une fois par semaine. Le reste du temps, j'attends. Je n'ai jamais voulu les voir grandir.

F2 - Quand ils seront grands, je pourrai mener ma vie, vous comprenez ? Faire ce que j'ai envie de faire, être avec qui j'ai envie d'être. Etre, tout simplement. En attendant, je ne sais pas… Comment grandiraient-ils sans leur père ?

F1 - Comment grandiraient-ils avec leur père ?

F2 - Peut-être seraient-ils mieux seuls avec moi ? Ils n'entendraient pas leurs parents se déchirer autour de leur éducation…

F1 - Et l'Autre ?

F2 - Avec l'Autre, il n'y aurait pas de problèmes. Il est tellement… Il est comme moi, je crois. Tandis que Paul est mon contraire. Nous n'avons jamais rien eu en commun.

F1 - Un jour, j'ai senti que je n'aurai plus rien en commun avec personne. Des moments, peut-être, des instants d'émotion, de tendresse, de complicité. Mais plus rien qui s'installe dans le temps. Un jour, j'ai senti que j'étais devenue seule dans ma tête.

F2 - Paul était une erreur. Ma famille m'avait prévenue. Mais je n'ai rien entendu. Je l'aimais. Il m'ouvrait un monde : le sien. Il venait d'ailleurs, il m'emmenait ailleurs. Je m'y suis cassé la figure.

F1 - Puis le dégoût d'approcher un autre corps, puis le dégoût de mon propre corps…

F2 - Allons ! Pas de regrets, pas d'amertume !

F1 - Alors, j'ai fait d'autres choses, des choses pour moi. J'ai voyagé, j'ai écrit, je me suis remise au piano. Tout ce que je n'avais pu faire depuis trente ans parce que j'étais habitée du constant souci de conquérir quelqu'un ou de garder quelqu'un, de préserver mes enfants au milieu de mes tempêtes et des tempêtes de mes hommes…

F2 - Avec François, il n'y aura jamais de tempêtes. Nous sommes complices, vous comprenez : il finit mes phrases, il devine mes pensées, il est nourri des mêmes livres que moi, des mêmes chansons, des mêmes fantasmes.

Une jeune fille entre. Elle s'approche, s'adresse à F1 puis à F2.

F3 - Pardon, n'auriez-vous pas vu quelqu'un passer, là-bas, sur le chemin qu'on aperçoit au loin ? Tout là-bas, vous voyez ?… Et vous, madame, vous n'avez vu personne ?…

Cela vous dérange que je reste ici, sous la tonnelle ? C'est le seul endroit d'où je peux le guetter, on y aperçoit la croisée des chemins. *(Elle s'assoit, se lève, marche, semble avoir du mal à trouver sa place.)* Je n'en pouvais plus de rester dans la maison à attendre qu'on frappe à la porte. Et puis j'ai peur qu'il n'ose pas. D'ailleurs, j'avais trop chaud dans ma chambre. J'ai dit à mes parents que j'allais voir Martine, ma voisine. Ils ne sont pas dupes, mais ils ont fait semblant de me croire… J'ai peur qu'il ne vienne pas. J'ai toujours peur qu'il ne vienne pas.

F2 - Pourvu qu'il ne vienne pas ! S'il se réveille et ne me trouve pas près de lui, il se lèvera d'un bond, il m'appellera, il réveillera les enfants, ils me chercheront tous, et la tonnelle n'est pas si loin ! Je n'ai pas envie de répondre à leurs questions, j'ai envie qu'on me laisse tranquille… tranquille…

F3 - Je serai tranquille quand il sera là. J'ai parfois l'impression qu'il veut m'échapper. Il a peur que je l'accroche, que je l'installe dans un couple. Et pourtant, je sais, moi, que c'est pour la vie… mon amour, je veux dire…

F2 - Il ne manquerait plus que ça qu'ils viennent là tous les trois, qu'on se dispute devant les gosses, la grande scène du III…

F3 - Je sais aussi qu'il m'aime pour la vie. Il ne veut pas se l'avouer, il a peur de s'engager, mais je sais qu'on finira par se trouver !

F2 - Ce qu'elle m'énerve avec ses certitudes !

F3 - J'ai envie de me marier en blanc et à l'église. Je ne suis pas sûre de croire en Dieu, mais je suis sûre d'aimer les églises et tout ce qui va avec : les voûtes gothiques, les grandes orgues, les anges dorés qui vous tendent le bénitier…

F2 - Je suis en train de gâcher ma vie, mes plus belles années. Mais, en même temps, je me demande si je dois partir…

F1 - Ce qu'elle m'énerve avec ses incertitudes !

F3 - Il faudra encore le faire accepter à mes parents. Tous les parents voudraient que leur fille épouse un avocat ou un médecin.

F1 - On croit toujours que c'est le bon, le « nec plus ultra », celui qu'il vous faut, comme dans les publicités. Je me suis plantée deux fois. J'ai toujours cru au coup de foudre. Mais il ne suffit pas d'aimer. C'est un savant calcul de probabilités qui préside à l'entente de deux êtres. Lieux communs sur l'amour. La vie n'est-elle pas faite de lieux communs ? Je me suis plantée deux fois. Ça ne doit pas être un hasard. Je ne suis pas faite pour vivre en couple. L'alter ego, c'est pas ma tasse de thé.

F3 - Je ne comprends pas les gens qui réfléchissent trop dans ce genre de situation. L'amour n'est pas une équation. Quand on aime, on ne se pose plus de questions.

F2 - Je sais que je ne pourrais pas être heureuse avec lui, mais je me demande si je pourrais être heureuse sans lui…

F3 - Nous avons tant de choses à construire ensemble…

F2 - Tant de choses qui vont s'écrouler…

F1 - Construire, détruire, reconstruire… Une fois qu'on a compris que rien n'est définitif – surtout pas nous –, ce n'est plus qu'une habitude à prendre !

F3 - Le rêve, ce serait d'avoir une maison ; des enfants et une grande maison, en meulière, comme celle des parents, mais plus belle, plus grande, avec une espèce de tour, de donjon, où je ferais ma bibliothèque et qui dominerait la colline…

F2 - Quand je pense qu'il faudra revendre la maison…

F1 - Et ces lieux auxquels on s'arrache sans cesse après avoir essayé d'y planter ses racines ! Mes maisons, je les ai toutes aimées, ces vieilles maisons en pierre qui avaient accueilli d'autres destins, d'autres espoirs, d'autres souffrances, et dans lesquelles je déposais mes valises, persuadée que j'y vieillirais doucement, auprès d'une cheminée… Maintenant que je suis seule, qu'aucune séparation ne m'oblige plus à bouger, je ne parviens plus à me fixer, je déménage tous les deux ans. C'est comme une maladie, une espèce de peur de m'attacher…

F3 - C'est vrai qu'il ne m'a pas promis qu'il viendrait ce soir. Ce refus qu'il a, toujours, de s'engager, de se sentir pris au piège, même pour les petits faits de la vie quotidienne… Il préfère me laisser attendre toute la nuit que de me dire « je viens » ou « je ne viens pas »… Si seulement il m'aimait autant que je l'aime, il saurait comme c'est angoissant d'attendre !

F2 - Ce qui me fait mal, c'est de sentir qu'il m'aime toujours autant…

F1 - Douloureux de quitter, douloureux d'être quittée, douloureux de n'aimer personne… Il fallait que je sorte, que je longe le massif de camélias blancs, que j'aille me poser sous la tonnelle…

F2 - Il faudra partager les objets, les chiens, le chat, et ne pas s'arracher les enfants…

F3 - J'aurais aimé, quand nous vivrons dans une grande maison, sur la colline, avoir un chien ou un chat. Dommage qu'il n'aime pas les animaux !

F1 - Les hommes s'effacent, les enfants grandissent, restent les chiens et les chats !

F2 - Et François qui est là, derrière la colline, qui s'approche doucement, qui attend que je sois libre. François qui porte dans son regard tout le bonheur du monde… L'aimer, lui faire un enfant, prendre un autre départ…

F1 - On croise un regard, on croit y lire l'infini et on se heurte à un mur derrière lequel on trouve un autre regard… Et ça recommence, toujours la même histoire.

F2 - Et pourquoi pas la lâcheté, le mensonge, la double vie ? Ce serait tellement moins douloureux pour tout le monde !

F3 - Elle me fait bien rire, Martine, avec son idéal de liberté réciproque ! La fidélité, dans le couple, ce n'est pas un principe ! C'est la définition même de l'amour !

F1 - Je finirais presque par envier Martine, qui passe tous ses étés à Narbonne-Plage avec le même homme depuis trente ans…

F3 - Pourvu qu'il vienne !

F2 - Si seulement je pouvais faire disparaître l'un et faire apparaître l'autre, comme par enchantement…

F1 - Paul, Pierre… Et si finalement c'était Auguste, qui ne fut que de passage, l'homme de ma vie ?

F3 - Attendre, toujours attendre…

F2 - J'ai peur de demain…

F3 - Seulement vivre, sans espoirs, sans inquiétudes…

F3 - Tout ce que je demande : qu'il m'aime autant que je l'aime !

F2 - Si l'on pouvait cesser d'aimer ensemble !

F1 - Y croire encore une fois ? Je n'en aurai pas la force…

F3 - Une ombre, là-bas, à la croisée des chemins ! C'est Paul ! C'est Paul ! Il est venu me voir à cheval ! Il est fou ! Je l'aime !

F3 disparaît.

F2 - La petite se met à pleurer ! Il faut que je rentre avant que Paul ne s'éveille !

F2 disparaît.

F1 - Dieu, qu'il fait bon sous la tonnelle ! Je savais qu'un jour je sortirais pour venir là, au pied de la colline, près de la grande maison de meulière, attendre dans la fraîcheur de la nuit que l'ombre de Paul surgisse à la croisée des chemins…

FIN

LA RECONSTITUTION

Personnages : **F1**
  F2

Deux femmes, la trentaine et la vingtaine. Un cadavre dessiné à la craie sur le sol (il a pu être dessiné à la vue du public par les deux femmes). F1 et F2 sont debout côte à côte devant le « cadavre ». Elles ne se regardent pas.

F1 - Vous aussi, vous avez été convoquée pour la reconstitution ?

F2 - Convoquée. A neuf heures précises.

F1 - Vous étiez là quand…

F2 - J'étais à ma fenêtre.

F1 - Nous n'attendons plus que le commissaire.

F2 - Nous n'allons pas commencer sans lui. Quoique… Vous aussi vous avez assisté à…

F1 - J'attendais le bus, là, à deux pas…

F2 - Vous étiez aux premières loges.

F1 - Vous le connaissiez ?

F2 - Qui ? Lui ? Pas vraiment. Et vous ?

F1 - Je ne crois pas. Et vous avez vu celui qui…

F2 - Celui ou celle…

F1 - Plutôt celle, d'ailleurs… enfin, je crois, il me semble.

F2 - Il me semble, oui, maintenant que vous le dites, celle, sans doute…

F1 - Elle devait lui en vouloir. Il faut une sacrée haine pour…

F2 - On se promène dans la foule anonyme, on fait ses courses, on court après le dernier métro, on a la certitude que certains, peut-être, mais pas vous, pas ça, on sait se tenir quand même, on n'est pas un animal…

F1 - Un être social : on gère ses peines, ses rancunes, ses humiliations. On va chez le psy, on pleure dans les bras de sa mère, mais le passage à l'acte…

F2 - Puis un jour ça vous tombe dessus… enfin, j'imagine que ça arrive comme ça.

F1 - Faites attention, s'il vous plaît.

F2 - Quoi ?

F1 - Vous avez un pied sur lui.

F2 - Désolée. Je me suis laissée emporter.

F1 - Pourquoi en sont-ils arrivés là ? C'était pourtant un beau couple.

F2 - Qu'est-ce qui vous dit que c'était un couple ?

F1 - Un homme, une femme, un crime…

F2 - C'était lui qu'il fallait tuer.

F1 - La jalousie, sans doute. Il partait, ça faisait trop mal, il fallait le tuer pour qu'il s'arrête.

F2 - Elle avait l'air de quoi, avec son ventre rond et tous les gens qui lui disaient : « Un gosse à seize ans, ça ressemble à rien ! Et puis c'est qui le père ? »

F1 - Elle ne l'aurait plus, mais l'autre ne l'aurait pas non plus. Il était là, tout flasque, immobile, il n'appartenait plus à personne.

F2 - Elle n'allait quand même pas leur dire que le père, c'était son père à elle, elle n'allait rien dire, puisqu'elle avait juré de se taire, elle allait garder son ventre rond et continuer à faire l'idiote.

F1 - Elle voulait juste l'empêcher de partir.

F2 - Elle aurait dû le tuer, à ce moment-là, mais l'occasion s'était pas présentée ou elle n'en avait pas eu le courage.

F1 - Elle aurait pu tuer l'autre femme, mais elle savait qu'il y aurait toujours eu d'autres femmes, qu'il n'y avait qu'un seul moyen de le garder.

F2 - Puis la petite était née. Elle pleurait tout le temps. Même dans les bras, elle pleurait. On aurait dit qu'elle n'aimait personne, ni sa mère, ni personne.

F1 - C'est toujours embarrassant d'être témoin.

F2 - C'est comme juré : on sait, on sait pas, on a l'intime conviction que…

F1 - C'était elle ou c'était peut-être pas elle.

F2 - Une silhouette qui s'efface dans la nuit…

F1 - Une femme, sans doute, jeune, le genre qui a la vie devant elle.

F2 - A qui on donnerait le Bon Dieu sans confession.

F1 - Une sorte d'ange qui aurait trop souffert et qui aurait mal tourné.

F2 - Qu'importe ! Il y a eu victime, il y a donc coupable.

F1 - Et qu'advint-il de l'ange, Monsieur le Commissaire ?

FIN

LE CRI DU PIGEON

<u>**Personnages**</u> : **Rebecca**
Anna
Clémence
Des voix

Rebecca rentre dans son appartement. On devine qu'elle est stressée, fatiguée. Elle jette son sac et sa veste, puis marche de long en large.

Rebecca - On crève de chaud ici. C'est pas possible, on crève de chaud. *(Elle ouvre la fenêtre. On entend un rire d'homme. Elle referme la fenêtre. Elle cherche un papier dans son sac et se dirige vers le téléphone.)* Pas déjà. Ça ne sert à rien. *(Elle pose le papier, va chercher un verre.)* J'ai oublié le soda. *(Elle prend son sac, se dirige vers la porte et revient vers la fenêtre.)* On crève de chaud ici.

Elle ouvre la fenêtre, puis sort en claquant la porte. On entend à nouveau le rire.
La scène est vide. Le téléphone sonne. Voix de Rebecca sur la messagerie, gaie, alerte : « Rebecca n'est pas là mais vous pouvez parler avec son clone, il lui transmettra votre message… »

Voix d'Anna - Tu dois être encore là-bas. Je me fais du souci pour toi. C'est pas bien d'être seule quand… Ecoute, j'arrive. Si ça t'ennuie que je vienne, rappelle-moi. Je ne t'entendrai peut-être pas si je suis dans le métro. Laisse-moi un message. Bon, j'arrive, je pars de la…

Le répondeur coupe la fin de son message. On entend le rire à nouveau. Bruit de voix qui, comme le rire, vient de la rue. Toutes les voix anonymes qu'on entend dans la pièce viennent de la rue, de la cage d'escalier ou des appartements voisins.

VOIX 1 *(homme ou femme)* - Je ne sais pas, moi. Comment veux-tu que je le sache ? En tout cas, j'étais là.

Rebecca rentre, une bouteille de soda à la main. Elle s'en sert un verre, puis reprend le papier entre les mains et regarde le téléphone.

REBECCA - Merde, j'ai un message. *(Elle fixe le téléphone, comme paralysée. Moment de silence.)* Ils ont appelé pendant que j'étais en bas. Ils ont appelé. Et je n'étais même pas là. *(Elle s'assoit et boit une gorgée.)* Je l'efface. Je veux pas savoir. Ce répondeur, il marche quand il a le temps, il aurait très bien pu ne pas enregistrer.

VOIX 2 *(femme)* - Rachid ! T'es là ? Rachid ! Fais pas comme si t'étais pas là, putain ! Je sais que t'es là !

REBECCA - Je peux pas faire comme si. *(Elle finit son verre et va écouter le message qu'on entend à nouveau. Elle parle pendant que le message se déroule.)* Ce n'était que toi. L'éternelle Anna ! Qu'elle vienne ? Pourquoi pas ?

VOIX 2 - Rachid ! Je sais que t'es là, ouvre-moi !

REBECCA - Et puis non. Elle va encore me poser mille questions pour me rassurer et, à la fin, je serai encore plus anxieuse. *(Elle prend le téléphone et compose un numéro.)* Evidemment, elle ne répond pas. *(Elle raccroche.)*

VOIX 2 - Je vais pas en rester là. Tu sais que j'en suis malade ? Tu le sais, ça ? J'en ai rien à faire de l'autre, t'as pas le droit de me faire ça…

On entend à nouveau le rire. Puis un bruit de pigeons.

Rebecca - Ils sont encore là, ceux-là ? Ils vont encore roucouler toute la nuit ? *(Elle regarde par la fenêtre et essaye de les chasser.)* Il y en a deux de plus. Allez ! Allez-vous-en ! Avec la chaleur, ils se multiplient comme des mouches !

Voix 2 - Je resterai là toute la nuit, Rachid, là devant ta porte. J'en ai rien à faire, j'ai tout mon temps.

Rebecca - Elle ne va pas se taire ?

Elle ferme la fenêtre puis ramasse une poussière et rouvre la fenêtre pour la jeter.

Voix 3 *(homme)* - Je t'adore. Je passe demain.

Elle referme la fenêtre, s'assoit, regarde le papier puis le téléphone, soupire, et enfin se dirige vers le téléphone. On sonne à la porte. Elle repose le téléphone et va ouvrir. Une femme, la cinquantaine, entre.

Anna - Tu as eu mon message ? Tu n'as pas essayé de me joindre, au moins ? J'étais dans le métro.

Rebecca - Tu n'as pas lu tes messages ?

Anna - Tu m'as laissé un message ? Je…

Rebecca - Non. C'est gentil d'être venue. Assieds-toi.

Anna - Tu as eu des nouvelles ?

Rebecca - Depuis que je suis rentrée, non.

Anna - Et quand tu étais là-bas ?

Rebecca - Qu'est-ce que tu veux que je te dise ? Ils ne se prononcent pas.

Anna - Ils ne t'ont rien dit ?

REBECCA - On dirait qu'ils ne savent pas trop où ils vont.

ANNA - La médecine n'est pas une science exacte. On étouffe, ici. Tu permets ? *(Elle ouvre la fenêtre.)*

REBECCA - J'allais appeler quand tu as sonné.

ANNA - Eh bien, appelle.

REBECCA - Non, je n'ai plus le courage. J'attends qu'ils appellent.

ANNA - Ils ont autre chose à faire.

VOIX 4 *(femme)* - J'arrive à l'agence. Je leur dis : « Je veux aller en Asie centrale. » Ils me regardent avec de grands yeux : « En Asie centrale ? »

ANNA - Et puis, tu ne représentes pas vraiment la famille, tu n'es que la copine.

REBECCA - C'est pareil. Ils ont promis qu'ils appelleraient.

VOIX 4 - Oui, en Asie centrale, en Ouzbékistan, au Tadjikistan, au Kirghizstan, la route de la soie…

REBECCA - Ils ont pris mes coordonnées. Ils ont dit qu'ils appelleraient, ils l'ont promis.

VOIX 4 - Le mec continuait de me regarder comme si je venais d'une autre planète : « En Asie centrale ? Mais c'est une vraie poudrière ! Qu'est-ce que vous voulez aller faire en Asie centrale ? »

ANNA - Tu veux que j'appelle, moi ?

VOIX 4 - Moi, j'en ai assez des plages et des cocotiers. Je veux voir le soleil se lever sur les immenses steppes arides, les aigles qui tournent autour des sommets enneigés…

REBECCA - Non, j'ai trop peur, je veux seulement attendre.

ANNA - Comme tu préfères.

VOIX 4 - Les mosquées bleues de Samarcande… Tu partirais avec moi, toi, en Asie centrale ?

REBECCA - Oui, je veux attendre, seulement attendre…

ANNA - On crève de chaud. Même la fenêtre ouverte, on crève de chaud. Je peux me servir du soda ? C'est terrible ce qui t'arrive.

REBECCA - Je n'ai pas vraiment envie d'en parler.

ANNA - Vous étiez si heureux et puis brusquement…

REBECCA - J'ai seulement envie d'attendre, attendre en regardant le ciel qui est brouillé, comme mon âme, qui semble prêt à se déchirer et qui ne se déchire pas, l'orage qui est imminent et qui n'arrive jamais, et tout est lourd, si lourd…

ANNA - C'est trop injuste lorsque les ingrédients sont là pour composer l'infini dosage du bonheur et que…

REBECCA - Le bonheur ? Qu'en sais-tu ?

ANNA - Il suffisait de lire sur vos visages.

> *Sur les cinq dernières répliques, on entend, de manière intermittente, le rire d'homme.*

ANNA - Qu'est-ce que c'est bruyant dans ton quartier !

REBECCA - Nous allions nous quitter.

VOIX 5 *(homme)* - Et si c'est mon plaisir, à moi, de passer la soirée devant la télé ?

VOIX 6 - Et moi, je te regarde regarder la télé ?

Voix 5 - Tu veux que je change de chaîne ?

Voix 6 - Laisse tomber, je vais me boucher les oreilles pour ne pas entendre ton rire niais.

On entend une porte claquer.

Anna - Ne dis pas n'importe quoi.

Rebecca - Tu ne veux pas me croire ? Nous allions nous quitter, ou plutôt j'allais le quitter.

Anna - Ce n'est pas possible.

Rebecca - Je lui ai annoncé voici deux mois ; quinze jours après, il avait les premiers symptômes. Tu connais la suite.

Voix 7 - Non, pas à la campagne, tu sais bien que je déteste la campagne.

Anna - Je ne sais pas quoi te dire.

Voix 7 - Je suis allergique au pollen… et puis, surtout, la campagne, c'est mort, tu comprends, c'est mort…

Rebecca - Ce qui, naturellement, te vient à l'esprit : qu'il y a incontestablement un lien entre la rupture et le déclenchement de la maladie.

Anna - Je ne pensais pas à cela.

Rebecca - Arrête. Tu y pensais. Tu ne pouvais pas ne pas y penser.

Anna - Le bruit des pigeons m'exaspère. Ils nichent ici ?

Rebecca - Sur la corniche, en haut. C'est comme ça tout l'été.

Anna - Pourquoi ne m'as-tu pas parlé plus tôt… de tout cela ?

REBECCA - Je me sentais coupable. Les coupables se taisent.

ANNA - Appelle-les. Prends des nouvelles.

REBECCA - Je ne peux pas… Je ne veux pas… Ça ne sert à rien… *(Anna prend son téléphone.)* Que fais-tu ?

ANNA - J'envoie un message à ta sœur. Elle voulait me rejoindre.

REBECCA - Ce n'est pas le moment qu'elle vienne me faire pleurer sur ses déprimes.

ANNA - Elle s'inquiète pour toi, elle aussi.

REBECCA - Clémence chasse l'angoisse comme d'autres chassent les papillons : elle saisit toutes celles qui passent et se les approprie.

VOIX 2 - J'ai peur, Rachid. Ouvre-moi. J'ai mal au ventre. C'est l'enfant qui me fait mal.

REBECCA - Je crois que j'ai envie d'être seule.

ANNA - Comme tu voudras.

VOIX 2 - Je ne peux pas rester là, dans la rue, j'ai mal au ventre.

ANNA - Ta sœur, ce n'est pas de sa faute si elle est… comme ça.

REBECCA - Tu la protèges trop. Secoue-la un peu, mets-la dehors, elle ira beaucoup mieux.

ANNA - Ce n'est pas simple. Si tu la voyais, parfois… Elle marche sur un fil. Si je ne lui tiens pas la main, elle tombera.

Rire d'homme.

REBECCA - Et quand tu mourras ?

VOIX 8 *(femme)* - Bon, là, je vais te laisser, je n'ai plus d'unités sur mon portable. Je te laisse. Ciao.

VOIX 9 *(homme)* - Tu vas dégager maintenant ! A quoi ça sert que tu campes devant ma porte ? C'est fini, tu comprends ? C'est fini !

Bruit de pigeons.

ANNA - Tu devrais faire quelque chose pour les pigeons.

REBECCA - Qu'est-ce que tu veux que je fasse ? Que je les empoisonne ?

Sonnerie de porte. Rebecca va ouvrir.

REBECCA - Entre.

CLÉMENCE - Je vous dérange ?

REBECCA - Entre, puisque tu es là.

CLÉMENCE - J'ai appelé l'hôpital, ils n'ont pas fini l'opération.

REBECCA - De quel droit as-tu appelé là-bas ? Tu n'as rien à voir dans l'histoire !

CLÉMENCE - J'angoissais tellement… pour toi. Je ne pouvais plus attendre.

REBECCA - Te rends-tu compte qu'il s'agit de ma vie intime ?

VOIX 2 - Je ne veux pas te perdre. Laisse-moi entrer. Tu verras, j'ai changé.

CLÉMENCE - Je savais que tu n'aurais pas le courage d'appeler. Je voulais arriver avec une bonne nouvelle.

Voix 7 - Vas-y tout seul t'enterrer dans ton trou perdu. Moi j'ai besoin d'entendre du bruit, de sentir le macadam et les gaz d'échappement.

Anna - Et ils t'ont donné des nouvelles, à toi ?

Clémence - Je me suis fait passer pour Rebecca. *(Bruit de pigeons.)* Il y a des pigeons chez toi ?

Rebecca - Sur la corniche de l'immeuble. Clémence, je ne peux pas te pardonner cela. C'était à moi de le faire, pas à toi.

Clémence - Je ne supporte pas le bruit des pigeons.

Rebecca - Tu m'entends ? Tu n'avais pas le droit.

Clémence - Ce n'est pas si grave. Pourquoi as-tu pris un appartement cerné de pigeons ? Maman, vous ne lui avez pas dit ? Vous ne lui avez pas dit que cela me rendait malade le bruit des pigeons ?

Voix 10 *(femme)* **-** Même sa voix m'énervait. Cette espèce de douceur qui envahissait tous les mots, même les plus durs, et ses mains sur mon corps…

Voix 11 *(femme)* **-** Tu as bien fait de le quitter, il fallait que tu le quittes.

Anna - Il faudra que tu fasses avec. Dans une ville, il y a des pigeons, on n'y échappe pas.

Clémence - Ce cri qu'ils poussent, juste avant de s'envoler, comme une lente agonie, un cri à la fois strident et à peine audible, un dernier cri avant…

Anna - Arrête, Clémence, arrête.

Rebecca - Je t'avais dit qu'il ne fallait pas qu'elle vienne. Voilà ce qu'elle appelle me rassurer.

CLÉMENCE - Je sais que tu vis des moments difficiles. Mais j'ai le droit, moi aussi, d'avoir mes angoisses…

REBECCA - Ça, on le sait. Ça fait trente ans qu'on le sait.

CLÉMENCE - Il y a trente ans tu n'étais pas née.

ANNA - Cessez de vous chamailler comme des gamines, ce n'est pas le moment. Clémence, arrête avec cette histoire de pigeons.

VOIX 12 *(homme)* - Non, je n'ai pas eu ton message. Je t'ai attendue toute la soirée. En ce moment, les messages m'arrivent avec vingt-quatre heures de retard. Il faut que je change de portable. Je me suis inquiété…

CLÉMENCE - Si, en plus, vous lui donnez raison…

VOIX 12 - Oui, j'ai cru que tu ne m'aimais plus, j'ai paniqué. Qu'est-ce que tu veux que je fasse sans toi ?

CLÉMENCE - Je n'ai plus qu'à partir. *(Elle s'assoit.)* Comme d'habitude. Je suis indésirable partout. Rebecca, je t'ai amené un article sur l'hôpital, j'ai pensé que cela pouvait t'intéresser.

REBECCA *(repoussant le papier)* - Qu'est-ce que tu veux que j'en fasse ?

CLÉMENCE - Tant pis, je le rangerai.

ANNA - Un de plus.

CLÉMENCE - Vous avez vos vies, laissez-moi mes papiers.

VOIX 13 *(enfant)* - Ça veut dire quoi, « barré de la caisse », maman ? Pourquoi t'as dit à Agathe que papa il est barré de la caisse ?

VOIX 14 *(femme)* - Oh ! ça va ! Mêle-toi de ce qui te regarde !

Anna - J'en ai simplement assez d'avoir deux pièces de mon appartement transformées en archives bordéliques.

Rebecca - Je croyais que…

Clémence - Je n'ai pas le temps en ce moment. Mais je vais faire du vide. Dès le mois prochain, je fais du vide.

Rebecca - Tu n'as pas le temps ? Ça fait presque un an que tu es arrêtée, avec ta dépression !

Clémence - Je n'ai pas le temps. Tu ne sais pas ce que je fais, tu ne peux pas juger. Je commencerai le mois prochain, je m'y suis engagée auprès de maman.

Voix 15 *(jeune homme)* - Je ne sais pas, quarante euros, cinquante euros, ce que tu peux, je te les rendrai le mois prochain. Il faut absolument que je lui achète un cadeau pour ses vingt ans, sinon elle va me larguer. Sérieux, mec, si je lui achète rien, elle me largue…

Rebecca *(à Anna)* - Je ne sais pas comment tu peux la supporter.

Clémence *(à Rebecca)* - Il faut que tu appelles l'hôpital.

Anna - C'est à cause de moi. Tout est à cause de moi.

Rebecca - Tu ne vas commencer, toi aussi !

Clémence - Non, maman, vous n'y êtes pour rien.

Rire d'homme, bruit de pigeons.

Clémence - Je voudrais seulement ne plus entendre ce pigeon.

Rebecca - Que veux-tu que j'y fasse ?

CLÉMENCE - Je ne sais pas. Tords-lui le cou ou ferme la fenêtre.

REBECCA - Il fait trop chaud.

VOIX 13 *(enfant)* - Maman, je voulais rester encore chez papa.

A nouveau, bruit de pigeons. Clémence frémit. Anna se lève.

ANNA - Je vais fermer la fenêtre, un instant, juste un instant.

Anna se dirige vers la fenêtre. Clémence s'interpose entre Anna et la fenêtre.

CLÉMENCE - Je ne l'ai pas tué.

ANNA - Non, Clémence, tu ne l'as pas tué, je t'ai dit cent fois que tu ne l'as pas tué, ma petite fille.

REBECCA - Vous êtes folles, complètement folles ! Partez d'ici, toutes les deux, je ne veux plus vous voir.

CLÉMENCE - Je lui ai juste dit : « Regarde le pigeon, il va s'envoler, écoute comme il crie. »

ANNA - Tu ne l'as pas tué, ma Clémence, tout est de ma faute.

REBECCA - Taisez-vous ! Ne parlez plus de cela ! C'était un accident !

ANNA - Comment le sais-tu ?

REBECCA - J'ai fouillé dans tes papiers. Oui, comme une voleuse. J'en avais assez de vos mensonges. J'ai trouvé le procès-verbal de la police.

CLÉMENCE - Il a voulu s'envoler comme le pigeon.

ANNA - Ce n'était pas un accident.

Rebecca - Ton histoire de crise cardiaque, j'y ai cru pendant dix-huit ans.

Clémence - Je jouais tranquillement en bas, j'étais sage.

Anna - Je voulais le quitter. J'attendais un enfant de lui et je voulais le quitter, il ne l'a pas supporté.

Clémence - Il riait toujours quand il me regardait jouer de là-haut.

Anna - Je ne le supportais plus ; ses mains, sa voix, son odeur… Tout m'exaspérait.

Rebecca - Vous n'aviez pas le droit de me cacher la vérité.

Anna - Pour te protéger, vous protéger.

Rebecca *(rouvrant la fenêtre)* - J'étouffe.

Clémence - Je ne veux pas les entendre.

Rebecca *(la prenant dans ses bras)* - T'inquiète pas, je les chasserai, je les chasserai tous.

Voix 6 *(femme)* - T'es toujours planté devant la télé ? Je vais me casser, je te préviens ! Je vais me casser et définitivement, cette fois !

Anna - Qu'est-ce qu'il me restait d'autre à faire que de vous protéger ?

Voix 15 *(femme)* - Mais si, tu sais, le bleu en angora, celui que tu n'aimais pas, je l'ai jeté hier, je ne le supportais plus, il me grattait la peau.

Rebecca - Vous m'avez tenue en dehors de tout, comme une étrangère.

VOIX 16 *(homme)* - Je lui ai dit que je n'avais de compte à rendre à personne. A personne ! T'entends ?

Le téléphone sonne. Clémence se lève.

REBECCA - Laisse, Clémence, nous sommes chez moi ici.

Rebecca prend le téléphone et part dans une autre pièce.

ANNA *(à Clémence)* - Je voulais juste vous protéger, tu comprends, vous protéger.

CLÉMENCE *(l'embrassant)* - Ne vous inquiétez pas, maman, je rangerai tous mes papiers le mois prochain. Je ferai du vide, vraiment du vide, vous serez étonnée.

VOIX 4 - Ou peut-être le Vietnam. Hanoi, les villages ethniques du Nord, la baie d'Along.

REBECCA *(revenant dans la pièce et posant le téléphone)* - Ils n'ont pas réussi à enlever la tumeur.

ANNA *(s'avançant vers elle)* - Ma chérie…

VOIX 4 - Regarde, c'est à « Asie du Sud-Est ». Ça revient à combien le Vietnam ?

ANNA - Nous sommes près de toi, Rebecca…

VOIX 4 - Tu partirais avec moi à Hanoi ?

REBECCA *(à Anna, froidement)* - Pourquoi n'avez-vous jamais voulu que je vous appelle maman ?

Noir brusque

COUP DE FREIN

<u>**PERSONNAGES**</u> : **ELLE**

LUI OU ELLE 2 *(le personnage peut indifféremment être joué par un homme ou une femme)*

Sur une autoroute.
Au milieu de la scène, une banquette de voiture. Sur le sol sont parsemés des débris métalliques, pneus, bagages éventrés…
Ils sont assis sur la banquette.

LUI - Ça va mettre des heures à déblayer tout ça…

ELLE - …

LUI - Je n'ai perdu personne dans l'accident. Et vous ? Enfin, je veux dire, j'étais seul dans ma voiture, sinon, évidemment, je ne serais pas là à parler avec une inconnue. Et je ne suis même pas blessé ; juste quelques égratignures et une légère douleur dans l'épaule gauche. Il faudra quand même que je passe une radio, par précaution, on ne sait jamais. Et vous, vous n'avez rien ? On dirait que vous n'avez rien. Un peu sonnée, sous le choc, je veux dire, c'est vrai que ce carambolage, ces crissements de pneus, ces grincements de tôle froissée, ces cris, ce sang, ces corps étalés sur les bas-côtés dont on ne sait même pas s'ils sont morts ou vivants, ça fait un peu fin du monde, mais vous n'avez rien, on dirait que vous n'avez rien, juste un peu pâle…

Elle - …

Lui - Et les pompiers qui font écho aux ambulances ! Ils pourraient arrêter leurs sirènes. De toute façon, la circulation est interrompue !

Elle - Je ne supporte pas le bruit des sirènes.

Lui - Moi non plus. Je ne veux rien entendre, rien voir, rien savoir. A quoi ça sert ? A vous laisser entrer des images dans la tête qui hanteront vos nuits ? Comme ces pancartes qu'ils mettent sur les routes : « Ici est mort Alain, dix-neuf ans. » Bientôt ils ajouteront la photo du gamin. La force de dissuasion, qu'ils disent. N'empêche que, pancarte ou pas, y en aura toujours des accidents !

Elle - Ce n'est pas un accident.

Lui - …

Elle - Ce n'est pas un accident, c'est un meurtre.

Lui - …

Elle - Avec intention de donner la mort. Prémédité. C'est bien le terme qu'il faut employer, lorsqu'on a voulu provoquer… ça.

Lui - …

Elle - Vous voyez cette valise, là-bas ?

Lui - Celle-là ?

Elle - Non, là-bas, la grosse valise de cuir noir dont sort la manche d'un chemisier blanc, un déshabillé bleu marine en polyamide taille quarante, un livre d'environ deux cent soixante-quinze pages…

Lui - Je vois, oui. Je la vois. Elle est à vous ? Les vêtements semblent intacts, le livre est un peu abîmé. Elle a dû passer par le pare-brise, avec la force du choc, et est allée s'éventrer sur la chaussée. C'est très courant, vous savez, regardez autour de nous… Et c'est un moindre mal, les dégâts matériels. L'important c'est que vous… Voulez-vous que j'aille la chercher ?

Elle - Elle n'est pas passée par le pare-brise parce qu'elle n'était pas dans une voiture.

Lui - Je ne comprends pas. Je n'y comprends rien. Vos histoires de meurtre, de valise… Vous avez été sonnée, je veux dire, c'est le choc, vous avez été sonnée et vous dites des choses qui n'ont pas de sens… enfin, qui n'entrent pas dans la logique habituelle, qui sortent de l'entendement, c'est courant, c'est le choc, ça passera… enfin, il faut peut-être mieux passer une radio, par précaution.

Elle - Elle n'était pas dans une voiture parce que je n'étais pas dans une voiture. Vous voyez le pont, là-bas, au-dessus de nos têtes ?

Lui - Le pont, là, au-dessus de nos têtes…

Elle - J'étais sur le pont. Je marchais. Je me disais : juste avancer, juste traverser ce pont, ne pas regarder l'autoroute en dessous, ne pas écouter le bruit des voitures, il n'est pas si long, ce pont, je finirai bien par arriver au bout.

Lui - Je ne regarde jamais les ponts, sur les autoroutes. Juste avancer droit devant, maintenir sa vitesse, respecter les distances de sécurité, surveiller l'angle mort, ne pas se laisser piéger. Si vous regardez les ponts, c'est foutu. Il y a toujours un imbécile qui se penche au-dessus de la balustrade en vous faisant des signes. Un simple signe de la main, en agitant les bras, un bonjour anonyme, sans doute, mais on se demande l'espace d'un instant si ce n'est pas un signe de détresse. On n'arrive pas à imaginer qu'un homme se sente assez seul, assez désœuvré, pour passer son temps sur un pont d'autoroute, en saluant ceux qui passent en dessous et en guettant désespérément l'infime marque d'affection d'une main qui se lèverait en retour.

Elle - Je venais de la gare TGV. J'avais lu, pendant le trajet, « La Modification » de Michel Butor, le Nouveau Roman, les années soixante, vous voyez? Mais si! Ce livre qui se passe dans un train, qui est écrit à la deuxième personne du pluriel. Un livre dont vous êtes le héros, en quelque sorte. J'étais contrariée de ne pas avoir fini le bouquin pendant le temps du voyage, je marchais sur le pont…

Lui - Les CRS devraient arrêter les passants, sur les ponts, qui font des signes aux voitures, plutôt que de guetter, en bas, ceux qui dépassent la limitation de vitesse. Qui respecte les limitations de vitesse sur autoroute? Il faut suivre le mouvement, ne pas se laisser distraire, rouler droit devant soi, en regardant le pavé… Les gens qui roulent trop lentement sont des dangers publics sur l'autoroute!

Elle - Je venais de quitter un homme; plus exactement, je venais de me faire larguer. Il m'avait laissée, là, sur l'aire de service d'une autoroute, ma valise à la main. J'avais l'air d'une idiote. Nous partions en vacances, nous buvions un café court sucré dans un gobelet en plastique, debout, appuyés sur une tablette. Des gens passaient entre nous pour jeter leurs gobelets sales sous la tablette. Il m'a dit qu'il en aimait une autre, sans lever les yeux de son café court sucré. Nous sommes retournés à la voiture, j'ai pris ma valise, il est parti en accélérant brutalement, dans un horrible bruit de crissement de pneus. Toute une vie qui s'écroule dans le vrombissement d'un moteur.

Lᴜɪ - Il faut faire une pause toutes les deux heures. C'est très important. La fatigue s'installe, on ne s'en aperçoit même pas, on conduit les yeux grand ouverts, mais on dort à moitié, l'attention se relâche… Le café court sucré, ça aide, ça donne de l'énergie, du nerf, mais ça peut masquer le problème, on se croit réveillé alors que la fatigue est toujours là, insidieuse. Non, ce qu'il faut, c'est une vraie pause, une demi-heure au moins…

Eʟʟᴇ - J'ai appelé un taxi qui m'a emmenée à la gare TGV. Je m'étais dit : ne plus penser, me plonger dans un livre, je suis en vacances après tout… J'étais presque sereine, avec juste ce fond d'angoisse, vous savez, cette petite tension qui fait qu'on ne supporte pas le gamin qui mâche bruyamment son chewing-gum sur le fauteuil en face de vous, qu'on a envie d'éteindre le walkman, de l'autre côté de l'allée, qui laisse flotter son grésillement indéchiffrable… Je me sentais bien, un peu nerveuse, mais bien. Puis il a fallu sortir du train, puis de la gare, il a fallu marcher avec la valise trop lourde, puis il y a eu ce pont…

Lᴜɪ - Pourquoi passent-ils devant nous avec ces brancards ? Je ne veux pas voir, je ne veux pas savoir !

Eʟʟᴇ - J'ai fait quelques mètres en tentant de ne rien voir, de ne rien entendre. Mais le bruit des voitures me pénétrait jusqu'à la moelle, ce grondement régulier d'une vitesse ininterrompue, la même, toujours, une voiture derrière l'autre, rouler, suivre le mouvement, impossible de ralentir, d'avoir une absence, de regarder le paysage, être performant, toujours, au mieux de sa forme, avancer, tous au même rythme, un rythme frénétique, inhumain, accélérer, suivre, avancer, avancer… Je ne supporte plus !

Lᴜɪ - Ne pas se laisser distraire, regarder droit devant soi, respecter les distances de sécurité, se méfier de l'angle mort…

ELLE - Les départs en vacances, les retours de vacances, putains de voyages tous les ans avec un mec qui vous fait traverser la France dans les deux sens à sa vitesse à lui sans tenir compte de vos mains qui se crispent sur la boîte à gants, en silence – « il ne faut pas parler au conducteur » –, de vos yeux angoissés qui surveillent le compteur. Communique pas tes angoisses – comme si c'était facile de ne pas laisser transpirer l'angoisse –, les sueurs froides, les cigarettes qu'on ne peut pas allumer parce que « la voiture est un espace clos ». Et puis enfin, toutes les deux heures, la pause devant le café court sucré d'une sordide station-service, les clopes qu'on enchaîne… Alors j'en ai eu assez, je me suis arrêtée sur le pont, j'ai posé la valise sur la balustrade, je me suis penchée, j'ai regardé, j'ai écouté, j'ai laissé le monstre traverser mon corps transparent, je me suis fait lentement dévorer par la machine aux tentacules étrangement parallèles…

LUI - Ne reste pas figée comme ça, empotée dans ta vie. Avance, avance, l'avenir appartient à ceux qui avancent !

ELLE - Lorsque j'ai lâché la valise, elle tenait en équilibre sur la balustrade. Elle avait l'air idiote. J'ai dû la pousser pour qu'elle tombe…

LUI - Un objet non identifié sur la voie de gauche. Ce ne peut être qu'un accident. Il faut juste freiner en gardant la maîtrise de son véhicule.

ELLE - La vie, comme un tapis roulant, que tu le veuilles ou non, t'avances, tu suis le mouvement, droit devant. J'ai voulu arrêter l'accélération en plein élan, fixer l'instant dans l'éternité.

LUI - Tombé du coffre d'une voiture ou du pont, là-haut, au-dessus de nos têtes. Un accident, un malheureux accident…

Elle - Je revendique tout. L'atroce grincement des freins qui s'est perpétué comme un écho, le choc immonde des tôles, les cris de panique, les hurlements de douleur, le sang qui se fraye un chemin entre les débris métalliques…

Lui - Vous n'avez pas l'envergure d'une coupable. Vous êtes une femme, vous êtes blanche, vous avez plus de trente ans, votre vocabulaire vous classe dans un milieu aisé entre cadre moyen et cadre supérieur des professions du tertiaire. Et vous parlez. Les coupables, eux, se taisent.

Elle - Je suis désolée, je n'ai pas l'habitude.

Lui - Vous savez ce qui vous attend ? Vous avez tué au bas mot une dizaine de personnes, blessé une cinquantaine dont certaines resteront handicapées. Vos petites angoisses ne vous attireront pas les circonstances atténuantes. Les interrogatoires, les humiliations, les jugements, les prisons de femmes, l'homosexualité, la violence, la solitude, immobilisée dans une cellule de dix mètres carrés…

Elle - Immobilisée…

Lui, se retournant, entend les secours venir vers eux et les interpelle.

Lui - Les secours ! Nous sommes là !… Non, nous n'avons rien ! Juste un peu secoués… Ma sœur, peut-être : elle tient des propos incohérents et se plaint de violents maux de tête. Ma chérie, les secours sont là, enfin ! Ils vont t'emmener, te faire une radio de contrôle, une simple radio de contrôle, par précaution…

FIN

SOLITUDES EN ANGLE DROIT

<u>PERSONNAGES</u> : LA FEMME DE MÉNAGE
LA MALADE (figurante)

Une chambre de clinique. Une très jeune femme, belle, est assise dans un fauteuil. Muette pendant toute la durée de la pièce, elle fixe un point droit devant, sans s'occuper de ce qui se passe autour d'elle. Une autre femme, plus âgée, plus « usée », fait le ménage dans la chambre et parle à la malade.

LA FEMME DE MÉNAGE - L'eau de Javel, c'est pas bien, ça pique les yeux, ça tue la gorge et ça sent mauvais. Je leur ai demandé un nettoyant à l'eucalyptus, ça fait penser aux grandes pinèdes brûlées par le soleil, avec la mer, au fond, qu'on aperçoit. Les aiguilles brunes, par terre, qui crissent sous les pieds.

(Silence. Elle nettoie.)

Une fois, j'ai été en vacances, c'était dans le Sud, dans un camping, avec ma tante et mes cousines. Ça sentait comme ça… Quand on faisait griller de la viande dehors, le soir, mes cousines et moi on guettait ; fallait pas qu'on nous voie, c'était interdit, à cause de la forêt. Si quelqu'un approchait, on se mettait à chanter, c'était le code, ma tante éteignait le feu.

Je l'embête, avec mes histoires de jeunesse ? Je vois bien qu'elle me trouve ridicule. Je le sens, même si elle me regarde pas, avec ses grands yeux bien ouverts qui fixent rien, droit devant elle, là où y a qu'un mur blanc tout juste repeint, même pas une photo punaisée ou une carte postale.

Elle préférerait que je me taise? Je sais bien qu'elle peut pas me répondre, avec sa maladie. Mais peut-être qu'elle en peut plus d'entendre que le silence, avec tout ce qui doit tourner dans sa tête. Le silence, c'est lourd, ça fait remonter les angoisses. Moi je supporte pas.

Je sais même pas ce qu'elle a. Ils m'ont pas dit. J'ai pas à savoir ce qu'ils ont les malades, ça me regarde pas, je dois juste respecter l'hygiène et la propreté. Mais l'eau de Javel, c'est pas bien.

Je pense pas qu'elle a toujours été comme ça. Ça doit être un choc, ou une maladie du cerveau, ou du sang, quelque chose qui s'est bloqué là-haut, tout d'un coup. On voit bien dans ses yeux qu'il y a plein d'images, plein de mots qu'arrivent pas à sortir.

Elle allait où, en vacances? En Italie?... Oui, en Italie, au bord d'un lac, avec des montagnes dans le fond. Dans la maison de ses parents, une grande maison en pierre avec des sculptures en bois sous les bords du toit et autour des fenêtres. Elle restait longtemps sur la terrasse, allongée sur une chaise longue, avec une couverture sur les jambes. Il faisait un peu frais malgré le soleil. Elle était fragile, déjà. Et puis, déjà, elle regardait toujours dans le vide au loin, comme si elle attendait quelqu'un, et sa mère s'inquiétait quand elle venait lui porter un jus d'orange et qu'elle levait même pas les yeux.

L'autre jour, au supermarché, j'ai vu une femme qui lui ressemblait, belle comme elle. On aurait dit qu'elle était pas vraie, qu'elle sortait d'un film américain d'avant, en noir et blanc. Elle poussait son caddie, bien droite, avec un léger sourire aux lèvres. Elle passait devant les rayons, elle s'arrêtait pas, elle prenait les produits comme ça, en passant, avec deux doigts, elle regardait pas les prix, ni les marques, elle continuait à glisser sur le sol ciré, en souriant toujours. Je me suis dit que c'était pas possible qu'elle tombe sur un caddie qui grince, ou une bouteille qui se renverse, ou une caissière qui vous dit : « Désolée votre carte bleue ne passe pas, il faut consulter votre banque. » Je me suis dit aussi qu'il faudrait que j'aille chez le coiffeur, qu'à force de me couper les cheveux toute seule je ressemblais plus à rien qu'à une courgette à moitié épluchée et qu'il fallait me refaire les racines, que je commençais à avoir les cheveux blancs, et que ça, non, jamais. Ça me faisait penser à ma mère, avec ses racines blanches au travers desquelles on voyait son crâne parce qu'elle avait les cheveux clairsemés, et ses pointes rousses qu'elle tirait en queue de cheval comme si elle avait encore l'âge de porter une queue de cheval !

Ma mère, elle se taisait toujours, un peu comme elle, mais c'était pas le même silence. Ma mère, elle avait rien à dire, ou elle avait décidé un jour qu'il valait mieux ne rien dire, continuer à avancer en faisant semblant de ne rien entendre, de ne rien voir, juste de marcher parce que c'était déjà bien d'être vivante comme un cadeau du ciel, juste continuer à être vivante.

Elle aussi, elle est bien vivante, même si elle bouge à peine, quelques pas de temps en temps jusqu'à la fenêtre ou dans le couloir. Je l'ai vue l'autre jour, elle marchait lentement, elle glissait sur le sol, elle regardait pas les autres, elle avançait tout droit… Elle est bien vivante.

Je peux redresser un peu les coussins du fauteuil ? Là, elle est mieux installée, ses mains si blanches, si fines… *(Elle lui prend la main et la caresse doucement.)*… sur les bras du fauteuil… Je peux ? Elles sont chaudes et douces, elles sentent bon…

(Elle s'agenouille près d'elle, lui tenant la main.)

Elle me serre la main ? Je ne rêve pas, elle me serre la main ? Elle m'entend donc, elle veut me parler ? Elle sait que je la comprends, que j'ai su lui lire dans ses yeux. Elle attend, n'est-ce pas ? Elle l'attend et elle garde tous ses mots pour lui ? Quand il est parti, un jour, là-bas, elle est rentrée comme dans une grande nuit polaire dont elle n'arrive pas à s'échapper. Elle lui tenait la main, sur la terrasse de la maison d'Italie, le soleil disparaissait dans le lac, elle pleurait, mais elle savait qu'il avait raison d'aller tuer le général fou, d'aller libérer son pays, tout le monde l'attendait là-bas.

Moi aussi je suis rentrée dans la nuit polaire. C'était quand ils ont emmené mon fils. C'était pas un malin, pourtant, il était pas méchant, il fallait juste l'empêcher de sortir quand ça lui prenait, je le sentais d'habitude, ça se voyait dans ses yeux, alors je lui disais : « Reste là, ce soir le dragon est dans ta tête, il va te saisir, te tordre les mains, et puis on ne sait pas. » Mais cette nuit-là, j'avais rien vu, j'avais dû oublier de regarder dans ses yeux. Il est sorti, je me suis pas méfiée. Quand il est revenu, j'ai compris qu'il en avait rencontré une, une qui sentait fort. Il supportait pas les filles qui se parfumaient. C'est humain, ça, de ne pas supporter certaines odeurs, ça a dû réveiller le dragon et puis… J'ai pas été étonnée quand les flics sont venus le chercher, mais ils auraient pas dû l'emmener, ils auraient pas dû me l'enfermer, j'aurais su le garder, j'aurais fait attention…

(Elle se lève et reprend son ménage.)

Ici, ils voudraient que je nettoie tout à l'eau de Javel : le sol, le lavabo, les chiottes. C'est pour les microbes, qu'ils disent. Mais qu'elle s'inquiète pas, ça tue autant les microbes, l'eucalyptus, et au moins ça pue pas. De toute façon, ils en sauront rien, c'est entre elle et moi, on se comprend toutes les deux, on se connaît, on sait ce que c'est…

Elle arrive pas à croire qu'il reviendra plus. Faut dire qu'il lui ont annoncé comme ça, brutalement : « Mort au combat. » Qu'est ce que ça veut dire, « mort au combat » ? Pour eux, on dirait que c'est presque comme un titre, une récompense, qu'il faudrait être fier. Mais, mort au combat ou mort dans son lit ou sous les roues d'une voiture, c'est pas mieux, c'est pas pire, c'est le même bordel dans la tête de ceux qui restent, on vous a trompé sur la marchandise. La vie c'est que des nœuds de vipère qu'il faut avaler, tout le temps. On vous dit : « T'étouffe pas, ça va passer. » Mais un jour, ça passe plus, ça reste coincé là, dans la gorge. Tout le monde lui a dit : « C'est un héros. » Mais ce qu'elle a vu, elle, c'est qu'on lui ramenait un cadavre qui ressemblait plus déjà à l'homme qu'elle aimait, un cadavre avec qui elle pourrait pas faire l'amour, avec qui elle pourrait pas avoir d'enfant. Elle se retrouvait là, piégée dans sa solitude. Le général fou, elle s'en fichait, au fond, comme de tous les héros et tous les dictateurs du monde. Elle aurait seulement voulu qu'il soit là et qu'il lui tienne la main, sur la terrasse en face du lac, et qu'ils puissent regarder le soleil couchant en parlant de leur avenir.

Même mon fils, il a trouvé que c'était pas beau un cadavre, c'était pas ce qu'il attendait. Elle était pas à lui, elle était qu'un grand objet mou et lourd et elle sentait toujours la même odeur.

Quand on part en prison, on sait jamais si on reviendra. Pendant longtemps, j'ai espéré. Je leur avais fait une lettre où j'expliquais tout, que maintenant je ferais attention, je le laisserais plus sortir la nuit, qu'ils pouvaient me faire confiance.

Ils ont même pas eu la politesse de me répondre. Maintenant, j'attends plus. Même s'il revient, ça sera plus pareil, il a plus les mêmes yeux, il me fait plus confiance. Quand je vais le voir, il regarde ailleurs, il me répond pas, il veut plus me laisser rentrer dans son monde.

Mais elle, elle m'a pris la main, elle dit rien aux docteurs parce qu'ils peuvent pas comprendre. Ils savent pas que quand on n'attend plus rien, il vaut mieux se taire, rentrer dans sa coquille jusqu'à ce qu'on rencontre quelqu'un qui est prêt, quelqu'un qui sait ce que c'est que la nuit polaire.

Les parents, bien sûr, ils sont morts ou ils sont vivants et ils s'en fichent. De toute façon, on est une indigne, on n'a pas aimé celui qu'il fallait, celui qu'ils avaient imaginé, qui aurait apporté le bonheur à leur fille chérie. Les parents, ils ont que des images dans la tête ; si tu colles pas avec leurs images, ils te regardent de travers, puis ils haussent les épaules et ils te disent que tant pis, il faut pas compter sur ses enfants, on est toujours déçu.

Mon Jean-Paul, il m'a jamais déçue. Je savais qu'il supportait pas les parfums de femme, il savait qu'il avait besoin que j'aie l'œil sur lui. Elle, il l'aurait sans doute aimée, parce qu'elle sent juste une odeur de peau fine et de savon. Il aurait pas eu peur d'elle, il lui aurait pas fait du mal. Mais ils se rencontreront jamais, c'est trop tard. Il a fallu que l'autre se trouve sur son chemin.

Alors, elle restera seule dans son silence, à regarder nulle part sur le mur blanc à attendre quelqu'un qui ne viendra plus. C'est trop dur d'attendre. Un jour, j'ai compris qu'il ne reverrait pas la lumière du jour. Il peut pas imaginer l'avenir, trente ans c'est trop loin, alors il devient fou. Il reste des jours entiers couché à même le sol, puis tout à coup il se lève comme une bête et se jette contre les murs en hurlant. Je veux pas de sa souffrance, on ne met pas un enfant au monde pour qu'il souffre ainsi. Je veux pas le voir abîmé dans son corps et dans sa tête, alors j'ai volé les cachets à la clinique et je lui ai donné. Des trucs pour dormir, pour oublier. Ici, ils en laissent traîner partout sur les chariots dans les couloirs, ni vu ni connu. Comme ça, il pourra choisir. Le jour où le dragon cognera dans sa tête et qu'il ne pourra plus se battre, il aura les cachets.

Elle, elle veut pas choisir, elle est un jouet entre les mains des médecins, ils en ont rien à faire de sa souffrance, elle peut même pas hurler, elle est enfermée dans son silence, elle s'est entourée de murs qui se rapprochent chaque jour davantage, elle étouffe…

Je sais ce qu'il faut lire dans l'angoisse de ses grands yeux. Si son pauvre corps n'était pas paralysé par sa douleur, elle prendrait l'oreiller et le porterait là, sur son visage.

(Elle saisit un oreiller et étouffe la jeune femme fermement, mais sans violence.)

Ce serait comme si le mur blanc s'avançait jusqu'à elle à force d'être fixé par son regard, elle appuierait l'oreiller bien fort, jusqu'à ce que l'air ne passe plus. Sa poitrine se soulèverait pour trouver l'air, mais elle ne cèderait pas. Au bout de quelques instants, son corps se calmerait, il n'y aurait plus de murs, plus de passé, plus d'avenir, plus de souffrance… plus de souffrance…

FIN

Imprimé à la demande par Books On Demand GmbH, Bad Hersfeld, Allemagne

Première édition, dépôt légal : juin 2006
N° d'édition : 200627
ISBN : 2-84422-516-0